Julie Schwob / Photos : Guillaume Czerw

APÉROS DU MONDE

→ 40 recettes pour voyager en trinquant !

MANGO

SOMMAIRE

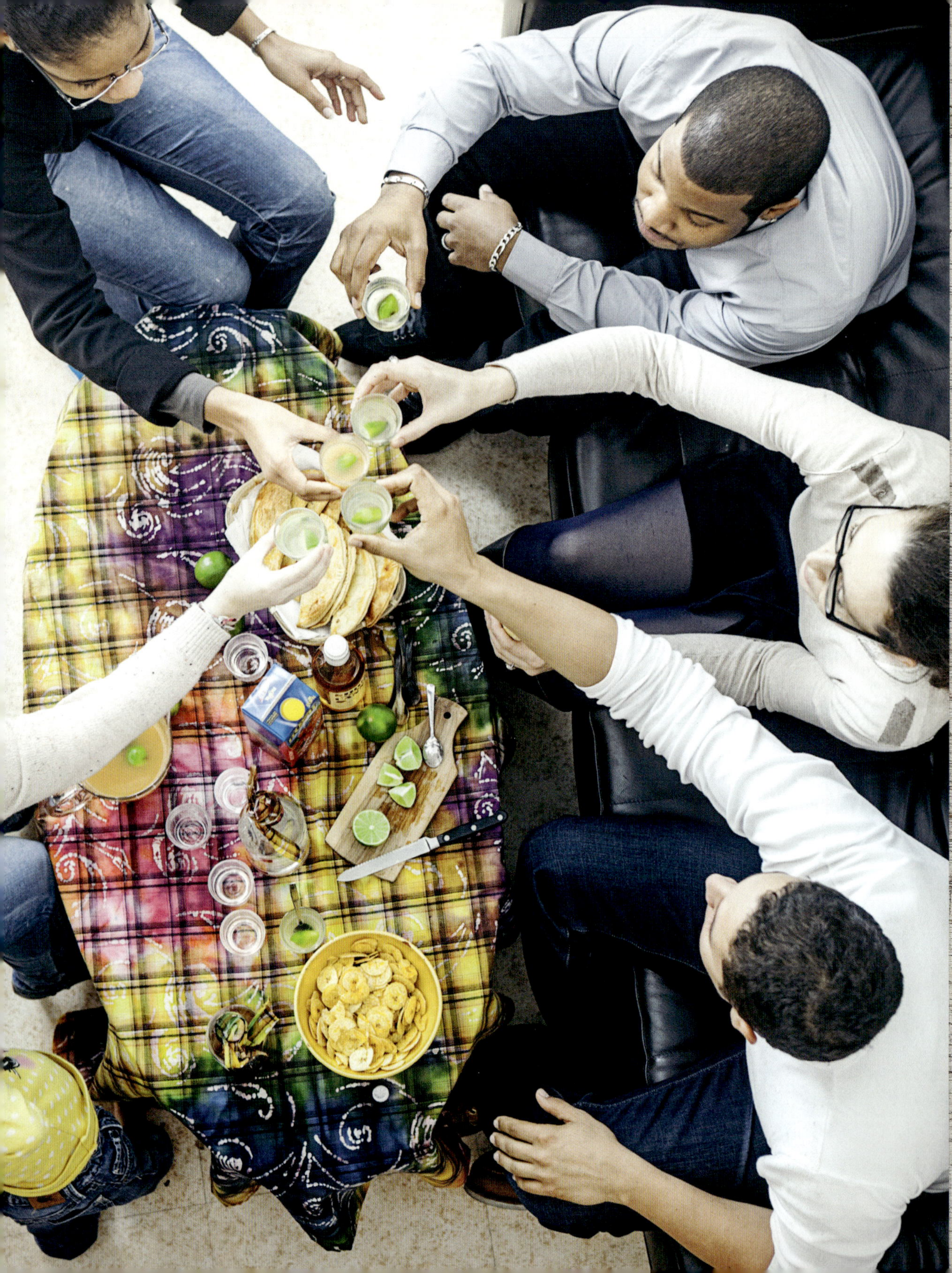

PRÉFACE

Rien de plus convivial et sympathique que le moment de l'apéro ! Tradition française ou tradition mondiale ? Selon la légende, ce sont les Italiens qui lancèrent la mode des apéritifs dès les années 1790, à Turin, où l'inventeur du vermouth entreprit d'offrir son vin à la dégustation avant le repas en gage de bonne santé.

Au fur et à mesure des années, l'apéritif est devenu un moment de convivialité à part entière où l'on boit un verre, certes, mais aussi où l'on s'ouvre l'appétit avec de véritables petites recettes ! Vous trouverez dans ce livre les recettes de tapas et d'amuse-bouches les plus connues à travers le monde et les cocktails les plus mythiques.

Du célèbre Long Island Iced Tea new-yorkais accompagné de ses onion rings au cocktail Spritz vénitien avec ses crostini, en passant par le Mojito cubain et ses chips de banane plantain, vous aurez le loisir de voyager sans limites d'une saveur à l'autre. Avec, au détour, quelques recettes africaines et asiatiques inconnues mais des plus gourmandes.

Détendez-vous, c'est l'heure de l'apéro ! *Tchin ! Prost ! Campaï !*

Julie Schwob

St Jacques de Compostelle
Villafranca
Leon
RUSSIENNE
Koukotrine
Sardinien
KONSTANTINOPEL
Trapezunt
Erzerum
Tokat
Angora
Brussa
Saloniki
Philippopel
LONDON
PARIS

EUROPE

→ Espagne - Grèce - Italie
Angleterre - Allemagne - Russie

ESPAGNE

L'Espagne est le pays où l'apéro dînatoire est roi : dans les bars, les tapas proposées sont multiples et changent chaque soir. Sur la côte espagnole, les fruits de mer et coquillages sont à l'honneur dans les bars à tapas : moules grillées, farcies, panées, huîtres à l'ail, au poivron, aux olives, calamars à la plancha, couteaux au vin blanc... Dans l'intérieur du pays, on se concentre sur les charcuteries et les tortillas de pomme de terre.

MOULES AU CHORIZO

POUR 4 PERSONNES
PRÉPARATION : 15 MINUTES
CUISSON : 5 MINUTES

20 grosses moules (dites à paëlla)
1/2 chorizo fort
1/2 oignon blanc doux
1/2 verre de vin blanc sec
1 pincée de paprika espagnol doux

• Nettoyez les moules en retirant bien la barbe. Ouvrez-les en deux avec un couteau fin sans casser les coquilles. Ôtez la coquille vide.

• Enlevez la peau du chorizo. Coupez-le en bâtonnets.

• Pelez et hachez l'oignon.

• Préchauffez le gril du four.

• Dans un bol, mélangez le vin blanc, le paprika et l'oignon haché. Versez un peu de cette préparation sur chaque moule puis ajoutez quelques bâtonnets de chorizo.

• Déposez les moules farcies dans un plat allant au four. Passez-les sous le gril 2 à 3 minutes jusqu'à ce qu'elles soient colorées. Dégustez aussitôt.

DE
SAN AGUSTIN

LE véritable plat national espagnol et certainement celui le plus connu des étrangers qui visitent l'Espagne. Cette omelette aux pommes de terre remonte à plusieurs siècles et était déjà citée dans l'un des principaux livres de cuisine espagnole : L'Arte de cocina y pastelería.
Au fil des années, la liste des ingrédients de la tortilla s'est allongée : champignons, oignons, épinards, tomates... Alors qu'à Valence on prépare une tortilla au riz et au jambon, à Grenade, lors des fêtes taurines et des férias, on se régale d'une tortilla cuisinée avec la cervelle et les testicules de taureau.

TORTILLA DE PAPAS

(tortilla madrilène)

POUR 4 PERSONNES
PRÉPARATION : 20 MINUTES
CUISSON : 20 MINUTES

5 œufs
800 g de pommes de terre
15 cl d'huile d'olive
Sel, poivre du moulin

• Pelez les pommes de terre et coupez-les en dés. Plongez-les dans une bassine d'eau froide pour retirer l'excès d'amidon. Séchez-les dans un torchon propre.

• Dans une sauteuse, faites revenir les pommes de terre avec 10 cl d'huile d'olive en les remuant régulièrement pendant 15 minutes à feu moyen.

• Dans un saladier, battez les œufs. Salez et poivrez. Ajoutez les pommes de terre et mélangez.

• Dans une poêle, versez le reste d'huile. Ajoutez la préparation et laissez cuire à feu moyen sans toucher l'omelette. Lorsqu'elle se fige, retournez-la et continuez la cuisson 4 à 5 minutes. Retournez l'omelette plusieurs fois de suite pour qu'elle devienne bien compacte.

• Servez la tortilla découpée en cubes ou en tranches.

Bien appréciée des touristes, la sangria rouge est délaissée des natifs espagnols. La sangria blanche, elle, connaît un regain de notoriété ces derniers temps sur les plages et dans les bars à tapas. Réalisée avec du vin blanc sec des régions viticoles de la Rioja, elle est adoucie par les fruits et allongée avec beaucoup de glaçons, ce qui la rend un peu moins enivrante et plus désaltérante !

SANGRIA BLANCHE

POUR 1 LITRE DE SANGRIA
PRÉPARATION : 15 MINUTES
RÉFRIGÉRATION : 3 HEURES
SANS CUISSON

75 cl de vin blanc sec fruité espagnol
10 cl de Cointreau® ou Triple sec®
30 cl de jus d'orange frais
5 cl de sirop de sucre de canne
300 g de fruits mélangés (pommes, oranges et citrons non traités)
Glaçons

• Rincez les fruits (conservez la peau). Coupez les agrumes en rondelles (retirez les pépins) et les pommes en cubes.

• Versez le vin, l'alcool, le jus d'orange et le sirop dans un grand saladier ou un pichet.

• Ajoutez les fruits dans le saladier et placez 3 heures minimum au réfrigérateur.

• Avant de servir, ajoutez quelques glaçons dans la sangria.

Variante : pour un apéritif encore plus festif, remplacez le vin blanc sec par du cava, le prestigieux vin pétillant espagnol élaboré de la même façon que le champagne. Dans ce cas, ne réfrigérez pas la sangria (les bulles s'en iraient), mais ajoutez des glaçons et servez aussitôt.

GRÈCE

Le tzatziki fait partie des mezze grecs que l'on connaît le plus, car nous l'utilisons bien souvent comme « dip » à l'apéritif. En Grèce, il est aussi servi en entrée avec un pain pita et des olives.

TZATZIKI

POUR 4 PERSONNES
PRÉPARATION : 20 MINUTES
REPOS : 30 MINUTES
RÉFRIGÉRATION : 1 HEURE
SANS CUISSON

2 yaourts grecs au lait de brebis
1 petit concombre
2 gousses d'ail
Quelques brins de menthe et de coriandre fraîche
Quelques brins d'aneth pour la déco
4 cuillerées à soupe d'huile d'olive
Sel, poivre du moulin

- Pelez le concombre et coupez-le en tout petits dés. Faites-les dégorger dans une passoire tapissée d'un linge fin pendant 30 minutes environ.
- Pelez et hachez l'ail. Hachez très finement la coriandre et la menthe.
- Dans un saladier, mélangez les yaourts petit à petit avec l'huile d'olive. Ajoutez les dés de concombre bien essorés, l'ail et les herbes. Mélangez à nouveau et placez 1 heure minimum au réfrigérateur.
- Décorez d'aneth et servez avec des petits pains pita.

Variante : vous pouvez réaliser un tzatziki de fenouil en remplaçant les dés de concombre par des dés de fenouil cru.

En Grèce, après une journée sous les fortes chaleurs, il n'est pas rare de se retrouver à la taverne pour déguster un verre d'ouzo avant de passer au retsina (vin blanc sec) ! Quelques plats, souvent très frais, sont servis en très petites quantités dans des assiettes individuelles, tout comme les mezze libanais.

SALADE DE POULPE

POUR 4 PERSONNES
PRÉPARATION : 30 MINUTES
RÉFRIGÉRATION : 3 HEURES
CUISSON : 1 HEURE

1 kg de poulpe
1/2 concombre
3 gousses d'ail
12 olives noires dénoyautées
1 cuillerée à café de basilic séché
1 cuillerée à café d'origan séché
1 cuillerée à café de sucre semoule
10 cl d'huile d'olive
10 cl de vinaigre de vin blanc
Sel, poivre du moulin

• Nettoyez le poulpe et plongez-le entier dans une grande casserole d'eau bouillante. Ajoutez les trois quarts du vinaigre de vin, couvrez et faites cuire 1 heure à feu doux.

• Pendant ce temps, rincez le concombre, coupez-le en deux puis en cubes. Pelez et hachez les gousses d'ail.

• Dans un grand saladier, mélangez le reste de vinaigre, les herbes séchées, l'ail, le sucre, le sel et le poivre. Ajoutez l'huile en filet.

• Égouttez le poulpe et coupez-le en tronçons. Mélangez-les dans le saladier avec la sauce. Ajoutez les olives et le concombre. Couvrez le saladier et laissez reposer 3 heures au réfrigérateur.

ITALIE

Le Bellini (du nom d'un peintre vénitien) a été créé en 1948 au Harry's Bar de Venise. Il est devenu la boisson emblématique de l'endroit, connu pour avoir été l'une des escales favorites d'Ernest Hemingway. C'est Giuseppe Cipriani, le patron du bar, qui créa le cocktail en mélangeant du nectar de pêches blanches et du prosecco (un très bon vin pétillant italien).

COCKTAIL BELLINI

POUR 1 VERRE
PRÉPARATION : 2 MINUTES
SANS CUISSON

8 cl de nectar de pêche (fait maison ou du commerce) très froid
1/2 cuillerée à café de sucre semoule (facultatif selon le goût des fruits)
8 cl de prosecco ou de vin pétillant

- Versez le nectar bien froid dans un verre très haut ou une flûte à champagne.
- Ajoutez le sucre si besoin et mélangez avec une paille ou une longue cuillère.
- Ajoutez le prosecco au dernier moment (dégustez aussitôt pour conserver l'effet des bulles).

Pour faire votre nectar de pêche maison, choisissez de préférence des pêches de vigne bien mûres ou des pêches blanches. Passez-les à la centrifugeuse. À défaut, pelez les fruits et mixez-les avec un peu d'eau.

Une dépaysante façon de remplacer les chips de pommes de terre par des chips réalisées avec le roi des fromages italiens. Les Italiens, qui ont toujours du parmesan sous la main, servent des chips de parmesan à leurs invités lorsqu'ils n'ont plus rien d'autre à leur proposer ! Vous pouvez remplacer le Parmigiano Reggiano par du Grana Padano à la saveur légèrement moins fruitée.

CHIPS DE PARMESAN

POUR UNE VINGTAINE DE CHIPS
PRÉPARATION : 5 MINUTES
CUISSON : 5 MINUTES

200 g de parmesan Parmigiano Reggiano
Poivre du moulin

• Râpez le parmesan finement (avec une râpe à parmesan) : vous devez obtenir une poudre.

• Faites chauffer une poêle antiadhésive sur feu moyen. Déposez dans la poêle des petits tas de fromage de 4 à 5 cm de diamètre pas trop épais. Laissez fondre jusqu'à ce que le fromage commence à suinter et que des petits trous se forment à la surface.

• Retirez délicatement les chips à l'aide d'une pince en bois ou d'une palette à pâtisserie. Déposez-les sur du papier absorbant pour retirer l'excès de graisse.

• Assaisonnez les chips d'un peu de poivre.

Le Spritz est LA boisson à la mode à Venise ! Il existe en deux versions : le Spritz bitter, amer, préparé avec du Campari® et le Spritz dolce, plus doux, préparé avec de l'Apérol® – un alcool typiquement italien, que l'on trouve désormais chez les cavistes français.

SPRITZ

POUR 1 VERRE
PRÉPARATION : 5 MINUTES
SANS CUISSON

4 cl de Campari® ou d'Apérol®
6 cl de vin blanc sec
4 cl d'eau gazeuse
1 rondelle d'orange
2 ou 3 glaçons

• Rafraîchissez un verre de type tumbler (de forme allongée) en le plaçant au congélateur quelques minutes. Sortez-le puis déposez les glaçons dans le fond.

• Versez le Campari® puis le vin blanc dans le verre. Complétez jusqu'à la moitié du verre avec de l'eau gazeuse.

• Garnissez d'1 rondelle d'orange.

ENIT
VENEZIA

À Venise, les plats sont d'influence terre-mer et le mélange est souvent savoureux. Ces crostini mêlent de la charcuterie et des filets d'anchois. Laissez-vous tenter ! Accompagnez-les d'un cocktail local à la mode : le Spritz.

CROSTINI VÉNITIENS

POUR 4 PERSONNES (8 CROSTINI)
PRÉPARATION : 15 MINUTES
CUISSON : 5 MINUTES

8 tranches un peu épaisses de pain frais
8 tranchettes de pancetta ou toute autre charcuterie italienne
8 filets d'anchois à l'huile d'olive
1 gousse d'ail
10 cl de coulis de tomates fraîches
10 cl de pesto
Huile d'olive

- Préchauffez le gril du four.
- Frottez les tranches de pain avec la gousse d'ail coupée en deux. Tartinez les tranches de coulis de tomates puis de pesto. Arrosez de quelques gouttes d'huile d'olive.
- Passez les tartines garnies 2 minutes sous le gril du four.
- Sur chaque tartine grillée, disposez 1 tranche de charcuterie et 1 filet d'anchois. Faites griller à nouveau 1 minute. Servez tiède ou chaud.

Variante : remplacez les filets d'anchois par des petites seiches grillées, des filets de sardine grillés ou des filets de maquereau marinés au vin blanc.

ANGLETERRE

Les chips de légumes au vinaigre et au sel sont une particularité anglaise que l'on ne trouve nulle part ailleurs. Outre-Manche, on les appelle d'ailleurs crisps *et non chips. Elles sont traditionnellement préparées avec des légumes de saison et du vinaigre de malt. Très faciles à réaliser, elles sont pourtant souvent remplacées par des chips industrielles… Essayez de les faire vous-même, ça n'a rien à voir !*

VEGETABLES SALT and VINEGAR CRISPS

(chips de légumes au vinaigre)

POUR 4 PERSONNES
PRÉPARATION : 15 MINUTES
CUISSON : 3 MINUTES

2 pommes de terre
1 panais
1 carotte
10 cl de vinaigre de malt
1 cuillerée à soupe de sel fin
Huile de friture

• Lavez les légumes, conservez la peau s'ils sont non traités. Coupez-les en très fines lamelles à la mandoline.

• Plongez les pommes de terre dans un grand saladier d'eau froide pour retirer l'excès d'amidon. Séchez-les dans un torchon propre.

• Déposez les lamelles de chaque légume dans un bol puis arrosez-les de vinaigre. Mélangez pour qu'elles s'en imprègnent bien.

• Faites chauffer l'huile de friture à 180 °C.

• Préchauffez le four à 120 °C (th. 4).

• Plongez panais et carottes ensemble dans le bain de friture bien chaud 1 à 2 minutes selon l'épaisseur des lamelles. Récupérez-les avec une écumoire et disposez-les sur la lèchefrite du four pour les maintenir au chaud.

• Plongez ensuite les pommes de terre dans l'huile de friture pendant 2 à 3 minutes. Égouttez-les et réservez-les au chaud.

• Juste avant de servir, saupoudrez les chips de sel fin.

Les Anglais, grands adeptes des pubs, se retrouvent volontiers entre collègues après le bureau pour déguster une bonne bière. Ce n'est pas vraiment un apéro, juste un sas de décompression entre le bureau et le retour à la maison.
Au pub, si c'est surtout la bière qui nourrit les ventres, on peut aussi grignoter quelques sandwichs eggs and cress, *classiques anglais comme le sandwich au concombre. On les retrouve aussi bien dans le sac de goûter des écoliers que sur les bars des pubs.*

EGGS AND CRESS

(sandwich triangle à l'œuf et au cresson)

POUR 4 PERSONNES (16 SANDWICHS)
PRÉPARATION : 10 MINUTES
CUISSON : 10 MINUTES

16 tranches de pain de mie
4 œufs
50 g de jeunes pousses de cresson

POUR LA MAYONNAISE :
1 jaune d'œuf
4 cuillerées à café de moutarde
1 trait de jus de citron
25 cl d'huile neutre (tournesol ou colza)
Sel, poivre du moulin

• Plongez les œufs dans une casserole d'eau froide et faites-les durcir 10 minutes.

• Pendant ce temps, préparez la mayonnaise : dans un bol, mélangez le jaune d'œuf et 1 cuillerée à café de moutarde. Salez et poivrez. Versez l'huile petit à petit en un mince filet tout en fouettant au batteur ou au fouet à main. Ajoutez à la fin le jus de citron. Lorsque la mayonnaise est figée, incorporez le reste de moutarde et rectifiez l'assaisonnement.

• Passez les œufs sous l'eau froide puis écalez-les. Coupez-les en petits dés et mélangez-les à la mayonnaise.

• Retirez la croûte du pain. Tartinez 8 tranches de mayonnaise à l'œuf. Répartissez les pousses de cresson puis recouvrez avec les tranches de pain restantes.

• Coupez chaque sandwich en triangle et dégustez.

ALLEMAGNE

Le currywurst *est le snack incontournable à Berlin. Il se mange accompagné d'une bonne bière pour caler une petite faim. Les* Stehcafé *(littéralement cafés-debout) ne vendent que des* currywurst, *à déguster debout sur le pouce. C'est plus un* street food *qu'un apéro véritable mais qu'importe, c'est délicieux !*

CURRYWURST
(saucisse au curry)

POUR 4 PERSONNES
PRÉPARATION : 15 MINUTES
CUISSON : 20 MINUTES

4 grosses saucisses de Francfort (Bratwurst)
1 oignon
50 cl de coulis de tomates
1 cuillerée à soupe rase de moutarde
1 cuillerée à soupe rase de sucre semoule
1 cuillerée à soupe rase de poudre de curry
2 cuillerées à soupe d'huile d'olive
10 cl de vinaigre blanc
1 pincée de sel

• Pelez et émincez l'oignon.

• Dans une poêle, faites fondre l'oignon 3 à 4 minutes avec 1 cuillerée à soupe d'huile d'olive à feu moyen.

• Dans un bol, mélangez le vinaigre, la moutarde, le sucre et le sel. Ajoutez le coulis de tomates et mélangez à nouveau. Versez cette sauce dans la poêle et faites cuire à petits bouillons 10 minutes environ afin qu'elle s'épaississe.

• Pendant ce temps, faites pocher les saucisses 3 minutes dans un grand volume d'eau bouillante salée. Égouttez-les.

• Dans une poêle, faites griller les saucisses de tous côtés avec le reste d'huile d'olive. Coupez-les en lamelles épaisses.

• Répartissez les saucisses dans les assiettes. Arrosez de sauce et saupoudrez de curry. Dégustez aussitôt avec des frites en accompagnement.

Originaire du sud de l'Allemagne, le bretzel, nommé bretzn *en Bavière et* bretschl *en Suisse alémanique, est un en-cas qui remonterait à l'an 1477. Le bretzel se sert volontiers avec de la moutarde douce ou de la sauce tomate. Au moment des fêtes de la Saint-Nicolas, on peut déguster des bretzels sucrés, glacés au chocolat noir.*

BRETZEL

POUR 3 OU 4 BRETZELS
PRÉPARATION : 15 MINUTES
CUISSON : 20 MINUTES

500 g de farine
1 sachet de levure de boulanger déshydratée (en supermarché)
50 g de beurre à température
40 g de bicarbonate de soude
15 cl de lait tiède
15 cl d'eau
2 cuillerées à soupe de gros sel
4 cuillerées à café de sel fin

• Versez la levure dans un bol et délayez-la avec 1 cuillerée à soupe de lait tiède.

• Versez la farine et 2 cuillerées à café de sel fin dans un cul-de-poule ou un saladier. Formez un puits, ajoutez la levure délayée, le reste de lait et l'eau. Mélangez petit à petit l'ensemble des ingrédients pour les intégrer à la farine puis pétrissez 2 ou 3 minutes afin d'obtenir une préparation homogène. Ajoutez le beurre coupé en dés et pétrissez à nouveau.

• Partagez la pâte en quatre. Avec chaque part, formez un long boudin. Repliez-le en faisant un nœud dans la forme traditionnelle du bretzel.

• Préchauffez le four à 200 °C (th. 6-7).

• Dans une casserole, portez à ébullition 1 litre d'eau avec le reste de sel fin et le bicarbonate. Plongez chaque bretzel dans l'eau bouillante jusqu'à ce qu'il remonte à la surface. Récupérez-le avec une écumoire et déposez-le sur une plaque de cuisson graissée. Parsemez chaque bretzel de plusieurs pincées de gros sel.

• Enfournez et faites cuire 20 minutes environ.

RUSSIE

Dans les campagnes russes, la tradition veut que les jeunes mariés offrent des pirojki et un verre de vin à leurs invités lors de leurs noces. En échange de quoi, chaque invité, après avoir goûté et apprécié les pirojki à leur juste valeur, formulera ses vœux aux mariés et déposera une étrenne sur un plateau d'argent. Mais si les pirojki sont mauvais, la réputation de mauvaise cuisinière pour la jeune mariée est faite et l'étrenne… réduite !

PIROJKI AU BŒUF

POUR 4 PERSONNES (8 PIROJKI)
PRÉPARATION : 30 MINUTES
REPOS : 3 H 30
CUISSON : 15 À 20 MINUTES

POUR LA PÂTE :

450 g de farine
1 sachet de levure de boulanger déshydratée
125 g de beurre en pommade
1 œuf entier + 1 jaune pour la dorure
25 cl de lait tiède
30 g de sucre semoule
1 cuillerée à café rase de sel

POUR LA FARCE :

200 g de bœuf haché
50 g de pommes de terre cuites à la vapeur
50 g de riz cuit
1 oignon
1 gousse d'ail
1/2 cuillerée à café de thym frais
1 cuillerée à soupe de concentré de tomates
2 cuillerées à soupe d'huile d'olive
Sel, poivre du moulin

• Préparez la pâte : dans un bol, délayez la levure avec 2 cuillerées à soupe de lait tiède. Mélangez et laissez reposer 30 minutes environ dans une pièce tiède jusqu'à ce que le levain double de volume.

• Versez la farine dans un saladier. Formez un puits et ajoutez l'œuf entier battu, le levain, le reste de lait tiède, le sucre et le sel. Amalgamez petit à petit les ingrédients à la farine puis pétrissez bien la pâte. Ajoutez le beurre et pétrissez à nouveau 5 minutes au batteur ou à la main.

• Façonnez 1 boule de pâte. Recouvrez-la d'un linge propre et laissez-la reposer 1 heure à température ambiante. Tapez ensuite la pâte sur le plan de travail pour chasser les bulles d'air puis placez-la 2 heures minimum au réfrigérateur (idéalement une nuit).

• Préparez la farce : pelez et émincez grossièrement l'oignon. Pelez et hachez l'ail. Dans une poêle, faites revenir l'oignon avec l'huile jusqu'à ce qu'il devienne translucide. Ajoutez l'ail, la viande hachée, le concentré de tomates et le thym. Faites cuire 3 à 4 minutes sans cesser de remuer. Salez et poivrez. Retirez la poêle du feu et ajoutez le riz et les pommes de terre.

• Préchauffez le four à 210 °C (th. 7).

• Étalez la pâte sur 3 mm d'épaisseur. À l'aide d'un emporte-pièce de 6 à 8 cm de diamètre ou d'un verre retourné, découpez 8 disques de pâte. Avec un pinceau, humectez le tour d'eau froide. Garnissez la moitié des disques avec 1 cuillerée à soupe de farce. Rabattez la pâte sur la farce de façon à former un chausson. Appuyez sur le pourtour du pirojki avec une fourchette pour que la jointure se fasse bien.

• Placez les pirojki sur la plaque du four et badigeonnez-les de jaune d'œuf. Enfournez pendant 15 à 20 minutes.

Manaos
PARA
MARANHAO
Madeira
Tapajoz
Casper
Wyoming
Rapid City
Hot Springs
Huron
Mankato
Sioux Falls
Mason City
Milwaukee
Madison
Lansing
Santiago
Chicago
Toledo
Cleveland
New York
Philadelphie
Baltimore
Washington
Cincinnati
Pittsbourg
St Louis
Omaha
ETATS-UNIS
ETATS DU CENTRE

AMÉRIQUE

→ USA - Mexique - Pérou - Caraïbes - Cuba - Colombie - Brésil

DUBONNET
BRONX

USA

Ce cocktail aurait été créé en 1970 par un barman surnommé Rosebud (de son vrai nom Robert Butt), d'après les indications d'Ernest Hemingway, grand consommateur de cocktails.
Le Long Island Iced Tea est particulièrement alcoolisé contrairement à ce que son allure laisse présager (il ressemble à un thé glacé !).

LONG ISLAND ICED TEA

POUR 1 VERRE
PRÉPARATION : 3 MINUTES
SANS CUISSON

1,5 cl de gin
1,5 cl de vodka
1,5 cl de rhum blanc
1,5 cl de liqueur d'orange (Triple sec®, Grand Marnier® ou Cointreau®)
1,5 cl de tequila
1 cl de jus de citron
3 cl de cola
1/2 rondelle de citron vert pour la décoration
3 ou 4 glaçons

• Versez tous les alcools et le jus de citron dans un shaker. Mélangez vivement pendant 10 secondes environ.

• Versez le cocktail dans un verre de type tumbler (de forme allongée) contenant les glaçons. Complétez avec le cola. Décorez avec la rondelle de citron.

FRIED GREEN TOMATOES, ONION RINGS & CHEESY STICKS

Lager Beer
DRY
LIEBMANN
YORK, N.Y.

Les tomates seraient originaires du Mexique ou de l'Amérique centrale. Mais c'est aux États-Unis que l'on a retrouvé un document écrit datant de 1770 sur la culture et la bonne conservation des tomates pendant l'hiver. Dans le sud des États-Unis, les tomates ayant une durée de vie limitée à cause des fortes chaleurs, l'habitude fut prise de réaliser des recettes (confiture, ketchup…) avec des tomates vertes.

FRIED GREEN TOMATOES

(beignets de tomates vertes)

POUR 4 PERSONNES
PRÉPARATION : 10 MINUTES
CUISSON : 10 MINUTES

8 tomates vertes
50 g de polenta
150 g de farine
20 cl de lait
1 pincée de paprika
Sel, poivre du moulin
Huile de friture

• Faites chauffer l'huile de friture à 180 °C.

• Dans un saladier, mélangez la polenta, la farine, le paprika, 1 pincée de sel et de poivre. Ajoutez le lait et mélangez pour obtenir une pâte à beignets homogène.

• Rincez les tomates, retirez le pédoncule et coupez-les en tranches de 1 cm d'épaisseur.

• Plongez chaque tranche de tomate dans la pâte à beignets (enlevez le surplus) puis aussitôt dans le bain de friture chaud (procédez en plusieurs fois). Laissez dorer jusqu'à ce que les tomates remontent à la surface. Égouttez-les sur du papier absorbant.

• Salez les beignets et dégustez-les aussitôt avec tout type de sauce : sauce au poivre, mayonnaise, ketchup…

On ne sait pas à quand remonte réellement la recette des beignets d'oignons mais c'est un classique des pays anglo-saxons. On retrouve la recette en Angleterre, Australie, États-Unis, Canada.
C'est en 1930, aux États-Unis, qu'apparaissent les premiers beignets d'oignons dans une publicité pour la matière grasse Crisco®.

ONION RINGS
(beignets d'oignons)

POUR 4 PERSONNES
PRÉPARATION : 10 MINUTES
CUISSON : 10 MINUTES

4 oignons blancs doux
150 g de farine
50 g de chapelure
30 cl de lait
1 pincée de cumin en poudre
Sel, poivre du moulin
Huile de friture

• Faites chauffer l'huile de friture à 180 °C.

• Pelez les oignons et coupez-les en tranches de 1 cm d'épaisseur. Séparez les anneaux d'oignons.

• Dans un saladier, mélangez la farine avec la chapelure, le cumin, 1 pincée de sel et de poivre. Ajoutez le lait et mélangez jusqu'à obtenir une pâte à beignets bien homogène.

• Plongez chaque anneau d'oignon dans la pâte à beignets (enlevez le surplus) puis aussitôt dans le bain de friture chaud (procédez en plusieurs fois). Laissez dorer jusqu'à ce que les anneaux remontent à la surface. Égouttez-les sur du papier absorbant.

Dégustez les beignets chauds avec une moutarde douce.

Les beignets au fromage sont des incontournables parmi les amuse-bouches servis dans les pubs ou les restaurants américains. Ils sont souvent à base de mozzarella et de provolone mais sont du coup difficiles à réaliser à la maison. Voici une version avec des fromages à pâte dure que l'on trouve également partout aux États-Unis.

CHEESY STICKS

(beignets au fromage)

POUR 4 PERSONNES
PRÉPARATION : 10 MINUTES
CUISSON : 5 À 8 MINUTES

500 g de fromage à pâte dure (emmental, cheddar...)
2 œufs
200 g de chapelure dorée
5 cl de lait
Sel, poivre du moulin
Huile de friture

• Faites chauffer l'huile de friture à 180 °C.

• Dans une assiette creuse, battez les œufs avec le lait.

• Déposez la chapelure dans une seconde assiette.

• Coupez les fromages en bâtonnets de 1 × 6 cm.

• Roulez les bâtonnets dans l'œuf puis dans la chapelure. Renouvelez 1 fois l'opération.

• Plongez les bâtonnets dans le bain de friture chaud et laissez-les dorer jusqu'à ce qu'ils remontent à la surface et se fissurent légèrement.

• Égouttez les beignets sur du papier absorbant. Salez, poivrez et dégustez aussitôt avec un mélange de miel et moutarde à l'ancienne.

MEXIQUE

Guacamole est la contraction de deux mots d'origine aztèque : huacatl *(avocat) et* mole *qui signifie sauce. Le guacamole est toujours réalisé avec des ingrédients frais, et souvent sans épices. On le déguste principalement au Mexique mais on retrouve des recettes approchantes dans toute l'Amérique centrale jusqu'au Venezuela (avec le* guasacaca *que l'on sert principalement sur des viandes grillées).*

GUACAMOLE

POUR 4 PERSONNES
PRÉPARATION : 15 MINUTES
CUISSON : 1 MINUTE

4 avocats bien mûrs
2 tomates mûres
1 oignon doux
Le jus de 1 citron vert
Quelques gouttes de Tabasco®
Sel, poivre du moulin

• Pelez et dénoyautez les avocats. Écrasez la chair à la fourchette et mélangez-la au jus de citron.

• Ébouillantez les tomates 30 secondes. Égouttez-les, épépinez-les puis coupez-les en tout petits dés.

• Pelez l'oignon et hachez-le finement.

• Dans un bol, mélangez l'avocat, les tomates et l'oignon. Ajoutez le Tabasco®, salez et poivrez.

• Dégustez le guacamole avec des chips de maïs ou de légumes.

La tortilla est une galette de maïs ou de blé dont la recette remonte à l'époque précolombienne. C'est un incontournable dans toute l'Amérique latine qui l'a adoptée. Au Mexique, on la sert en enchiladas *(galettes garnies de viande, légumes et haricots),* flautas *(flûtes garnies de viande),* tostadas *(galettes frites puis façonnées en forme de bol).*

MINI-TORTILLAS

POUR 4 PERSONNES
PRÉPARATION : 10 MINUTES
CUISSON : 15 MINUTES

4 tortillas de maïs
200 g de viande de bœuf hachée
200 g de haricots rouges cuits
1 oignon blanc
200 g de guacamole (voir recette p. 46)
100 g de cheddar râpé
1 cuillerée à soupe de sauce tomate mexicaine (salsa roja)
1 cuillerée à café rase de mélange d'épices mexicaines
25 g de beurre

• Pelez et hachez finement l'oignon.

• Dans une poêle, faites fondre le beurre puis faites suer l'oignon 3 à 4 minutes. Ajoutez la viande et faites-la dorer sur feu vif sans cesser de remuer. Incorporez les épices et la sauce tomate. Retirez du feu.

• Préchauffez le gril du four.

• Coupez chaque tortilla en 6 ou 8 parts. Placez-les sur une plaque de cuisson.

• Tartinez chaque mini-tortilla de guacamole. Répartissez la viande et les haricots. Parsemez de cheddar.

• Enfournez sous le gril jusqu'à ce que le cheddar soit fondu. Dégustez les mini-tortillas tièdes.

PÉROU

Les Incas faisaient déjà mariner leurs poissons pour les cuire et les préserver de la dégradation. Pour cela, ils n'utilisaient pas le citron – qui fut importé par les conquistadors espagnols – mais la chicha*, un jus de maïs fermenté et acide. Le ceviche péruvien est une recette culte qui s'est exportée dans toute l'Amérique latine. Le poisson utilisé pour le ceviche est traditionnellement la corvina, une variété de loup, mais il peut varier selon la région et la pêche.*

CEVICHE DE DAURADE

POUR 4 PERSONNES
PRÉPARATION : 20 MINUTES
MARINADE : 1 HEURE
CUISSON : 10 MINUTES

2 daurades bien fraîches levées en filets sans la peau
1 tomate
1 petite patate douce
½ piment rouge type jalapeno épépiné
1 oignon blanc doux
4 citrons verts
50 g de grains de maïs doux
Quelques feuilles de persil ciselées
1 cuillerée à soupe rase de sucre semoule
10 cl d'huile d'olive
Sel, poivre du moulin

• Veillez à bien retirer les dernières arêtes des poissons. Coupez les filets en dés de 1,5 cm de côté.

• Pelez la patate douce et coupez-la en tranches de 1 cm. Faites-les cuire dans une casserole d'eau bouillante salée pendant 10 minutes (elles doivent être encore croquantes). Rafraîchissez-les sous l'eau froide.

• Pelez et hachez finement l'oignon. Coupez le piment en très petits dés. Pelez la tomate et coupez-la en dés.

• Pressez les citrons. Dans un bol, mélangez le jus avec l'huile d'olive. Ajoutez le sucre et mélangez jusqu'à ce qu'il fonde. Salez et poivrez cette marinade.

• Déposez les dés de daurade et tous les légumes dans un plat creux. Versez la marinade et mélangez délicatement. Couvrez d'un film alimentaire et placez au réfrigérateur pendant 1 heure en remuant les ingrédients 2 ou 3 fois.

• Sortez la préparation du réfrigérateur, salez et poivrez. Parsemez de persil ciselé et servez.

Les accras de morue se dégustent dans toutes les Caraïbes : en Martinique, Guadeloupe mais aussi aux Barbades, à Belize… C'est en fait une recette d'origine portugaise qui a transité par ces îles au moment de la découverte des Amériques. Les accras s'accompagnent volontiers d'un rhum : arrangé, ti-punch…

ACCRAS DE MORUE

POUR 4 PERSONNES (UNE VINGTAINE D'ACCRAS)
PRÉPARATION : 10 MINUTES
CUISSON : 5 MINUTES

400 g de morue dessalée
300 g de farine de blé
1 cuillerée à café de levure chimique
1/2 oignon blanc
1 gousse d'ail
Le jus de 1/2 citron vert
Quelques brins de persil plat
1 pointe de couteau de piment antillais haché
25 cl d'eau
Sel, poivre du moulin
Huile de friture (de palme ou de tournesol)

• Pelez l'oignon et l'ail. Effeuillez le persil.

• Mixez grossièrement la morue avec l'oignon, l'ail, le piment et le persil.

• Versez la farine dans un saladier. Formez un puits, ajoutez l'eau et mélangez-la petit à petit à la farine en évitant les grumeaux. Incorporez la levure, le jus de citron puis la morue.

• Faites chauffer l'huile de friture à 180 °C.

• À l'aide de 2 cuillères à soupe, façonnez des accras de la taille de petites saucisses. Plongez-les dans le bain de friture 4 à 5 minutes jusqu'à ce qu'ils soient bien dorés. Récupérez-les avec une écumoire et égouttez-les sur du papier absorbant. Salez et poivrez.

• Servez les accras avec une sauce au piment ou des achards de légumes.

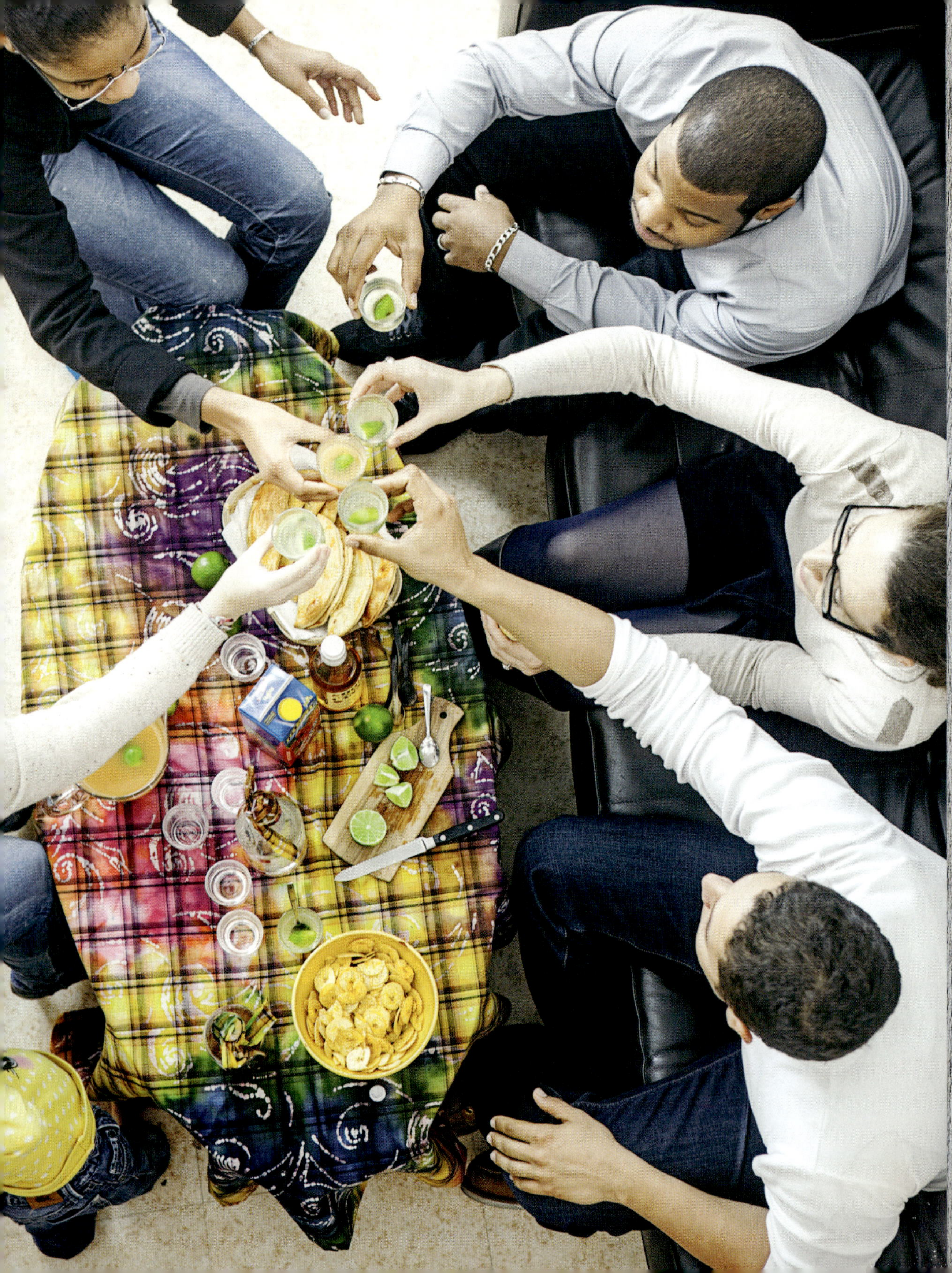

Aux Caraïbes, la boisson reine est le rhum. Chaque village, ou presque, a sa distillerie de prédilection et il est d'usage de servir à ses invités le rhum de son propre village et non celui d'à côté. On ne rigole pas avec le rhum ! Le ti-punch est la boisson phare. Fort en alcool (minimum 50 %), il peut être allongé avec du jus de fruits frais. À moins que vous ne préfériez un rhum dans lequel ont macéré des épices ou des fruits (le rhum arrangé).

TI-PUNCH

POUR 1 VERRE
PRÉPARATION : 3 MINUTES
SANS CUISSON

5 cl de rhum blanc
1 cl de sirop de sucre de canne
1 quartier de citron vert

- Versez le sirop de sucre de canne dans un verre à ti-punch (petit verre arrondi).
- Ajoutez le quartier de citron vert. À l'aide d'une cuillère, écrasez la chair pour en libérer le jus. Ajoutez le rhum.

Habanos

CUBA

Connue pour sa canne à sucre, son tabac et son rhum, l'île l'est aussi pour sa grosse production de bananes plantain. Moins sucrée que la banane consommée en dessert, la plantain se déguste volontiers en chips ou beignets salés et sert à lier certains plats et sauces. À la place de nos frites et chips de pommes de terre, les Cubains mangent des frites et chips de plantains !

CHIPS DE BANANES PLANTAIN

POUR 4 PERSONNES
PRÉPARATION : 10 MINUTES
CUISSON : 5 MINUTES

4 bananes plantain
1 grosse pincée de piment de Cayenne
1 cuillerée à soupe rase de sucre semoule
1 cuillerée à café rase de sel fin
Huile pour la cuisson (tournesol, palme ou pépins de raisin)

- Pelez les bananes et coupez-les en fines rondelles à la mandoline.
- Dans une poêle, faites chauffer un fond d'huile puis déposez une couche de rondelles de banane. Faites-les frire 2 à 3 minutes de chaque côté. Récupérez-les avec une écumoire et égouttez-les sur un papier absorbant. Faites frire le reste des bananes.
- Saupoudrez les bananes de sucre, sel et piment de Cayenne. Dégustez-les tièdes.

Mojito est une contraction de mojo, *le nom de la sauce cubaine traditionnellement utilisée en cuisine, et de* mojadito *qui signifie humide. C'est bel et bien une sauce traditionnelle liquide qui est devenue boisson nationale à partir de 1920 !*
La légende raconte que l'origine du mojito remonte au fameux pirate Francis Drake venu se cacher à Cuba en 1578 pour échapper à la marine anglaise. Il aimait particulièrement se désaltérer d'un mélange de feuilles de menthe et de ratafia de canne à sucre, l'ancêtre du rhum.

MOJITO

POUR 1 VERRE
PRÉPARATION : 5 MINUTES
SANS CUISSON

6 cl de rhum industriel cubain (Havana Club®, Bacardi®...)
3 cl de jus de citron vert
8 feuilles de menthe fraîche
+ quelques sommités pour la déco
2 cuillerées à café de cassonade
Eau gazeuse
3 ou 4 glaçons ou glace pilée

• Placez les feuilles de menthe dans un verre de type tumbler (de forme allongée). Ajoutez le sucre et le jus de citron vert.

• À l'aide d'un pilon en bois, écrasez la menthe pour qu'elle exprime toute sa saveur. Ajoutez les glaçons et le rhum. Mélangez et complétez la moitié du verre avec de l'eau gazeuse.

• Décorez le verre avec quelques sommités de menthe.

13

COLOMBIE

Empanar *signifie « entourer de pain ». L'*empanada *est un petit chausson que l'on déguste aussi bien salé que sucré dans toute l'Amérique latine.*

EMPANADAS
(chaussons au bœuf)

POUR 4 PERSONNES (8 EMPANADAS)
PRÉPARATION : 20 MINUTES
CUISSON : 15 MINUTES

1 pâte brisée (230 g environ)
250 g de bœuf haché
1 oignon blanc
50 g de grains de maïs
1 pincée de thym sec
½ cuillerée à café de cumin en poudre
½ cuillerée à café de paprika
50 g de beurre
1 jaune d'œuf pour la dorure
Sel, poivre du moulin

• Pelez et émincez l'oignon.

• Faites fondre le beurre dans une poêle puis faites revenir l'oignon 2 à 3 minutes à feu moyen. Ajoutez la viande hachée et saisissez-la 1 minute en remuant. Salez, poivrez, ajoutez le thym et les épices. Incorporez le maïs et mélangez bien le tout.

• Préchauffez le four à 180 °C (th. 6).

• Délayez le jaune d'œuf avec 1 cuillerée à soupe d'eau.

• Étalez la pâte brisée et découpez des disques à l'aide d'un emporte-pièce de 8 cm environ.

• Sur une moitié des disques de pâte déposez 1 cuillerée à soupe de farce. À l'aide d'un pinceau, badigeonnez le tour du disque avec le jaune d'œuf. Refermez la pâte sur la farce comme un chausson et dorez le dessus à l'œuf.

• Déposez les empanadas sur la plaque du four. Enfournez et faites cuire 15 minutes environ.

BRÉSIL

Au Brésil, les snacks vendus en bord de plage sont légion, tout comme les boissons que l'on déguste avec. Ce sont des préparations rapides, très variées, qui s'adaptent aux arrivages et à la saison. Vous trouverez de tout : poissons grillés, poulet sauté au piment, salade de fruits frais, crêpes…

CALAMARS GRILLÉS SEL-COCO

POUR 4 PERSONNES
PRÉPARATION : 5 MINUTES
CUISSON : 10 MINUTES

500 g de calamars frais coupés en anneaux
Quelques lamelles de noix de coco fraîche
1 cuillerée à soupe de poudre de noix de coco
1 cuillerée à café rase de piment de Cayenne
1 cuillerée à soupe d'huile de palme ou d'arachide
1 cuillerée à café de gros sel

- Dans une poêle, faites revenir les calamars avec l'huile 10 minutes environ à feu vif : ils doivent bien dorer et rejeter toute leur eau.
- Assaisonnez les calamars de gros sel, piment et poudre de noix de coco puis ajoutez les lamelles de noix de coco. Mélangez le tout.
- Dégustez-les chauds avec des petites piques.

Ce cocktail tire son nom de caïpira *(paysan en portugais) et de* Curupirinha*, surnom d'un démon de la forêt brésilienne que l'on voit surtout quand on a un peu trop bu ! De fait, la caïpirinha fait atteindre rapidement un certain degré d'ivresse. En apéro après la plage ou à table avec la* feijoada*, ce cocktail plaît à tous et à tout moment !*

CAÏPIRINHA

POUR 1 VERRE
PRÉPARATION : 5 MINUTES
SANS CUISSON

6 cl de cachaça
1 citron vert non traité
1 cuillerée à soupe de sucre semoule ou de cassonade
Glace pilée ou glaçons

• Rincez le citron vert et coupez les deux extrémités. Coupez le citron en deux puis en quartiers et retirez la partie blanche centrale amère.

• Placez les morceaux de citron dans un verre de type old-fashioned (ou à whisky) et ajoutez le sucre. Avec un pilon en bois, écrasez fermement le citron pour en extraire le maximum de jus.

• Recouvrez le mélange de 2 cm de glace pilée ou de glaçons puis complétez avec la cachaça jusqu'à 1 cm du bord.

• Mélangez délicatement. Servez avec deux pailles.

Padang
3805
Jambi
Pontianak
Samarinda
2278
Balikpapan
P. Siberut
Gunung Kerinci
P. Bangka
Palangkaraya
PALEMBANG
Sulawesi
Palu
Gorontalo
Halmahera
P. Waigeo
Sorong
P. Biak
M
生
iki
生
Hong-kong
Macao
Kwang tschou
Kung-tschou
Hai-nan
Tongking
Hanoi
Mandalay
Tschittagong
Akyab
Kalkutta
INDIEN
Shizuoka
I. Luzon
Phil

ASIE

→ Inde - Thaïlande - Chine - Viêtnam - Japon

Inde

Le samossa est le snack indien le plus connu en France. Pour des questions de simplicité, nous le confectionnons le plus souvent avec des feuilles de brick ou de pâte filo. En fait, la pâte à samossas est traditionnellement réalisée à partir d'un mélange de farine et d'huile puis cuite en friture légère.

En Inde, les techniques de pliage du samossa varient d'une région à l'autre. Tout comme le nom : dans le Gujarat on le nomme singhoda *et dans le Bengale* shingara.

Samossa

POUR 8 SAMOSSAS
PRÉPARATION : 15 MINUTES
CUISSON : 8 À 10 MINUTES

4 feuilles de brick
2 pommes de terre cuites à l'eau ou à la vapeur
1/2 courgette cuite à l'eau ou à la vapeur
40 g de petits pois frais ou surgelés
1/2 oignon
1 gousse d'ail
Quelques feuilles de coriandre ciselées
1 cm de gingembre frais râpé
1 cuillerée à café de curcuma
1 cuillerée à café de curry
1/2 cuillerée à café de graines de cumin
50 g de beurre fondu clarifié
Sel, poivre du moulin
Huile de friture

• Coupez les pommes de terre et la courgette en dés.

• Pelez et hachez l'oignon et l'ail.

• Dans une poêle, torréfiez ensemble à sec le curcuma, le curry et le cumin pendant 2 à 3 minutes à feu doux. Ajoutez la moitié du beurre clarifié puis l'ail, l'oignon et le gingembre. Mélangez et laissez chauffer 2 minutes. Ajoutez ensuite les légumes et mélangez le tout. Salez et poivrez. Éteignez le feu et incorporez la coriandre.

• Faites chauffer l'huile de friture à 180 °C.

• Coupez les feuilles de brick en deux et badigeonnez-les avec le beurre clarifié restant à l'aide d'un pinceau. Repliez chaque demi-feuille en deux pour former un long rectangle.

• Déposez 1 cuillerée à soupe de farce à l'extrémité gauche du rectangle. Rabattez le coin de la feuille sur la farce pour bien l'enfermer puis repliez en triangles successifs jusqu'au bout du rectangle.

• Plongez les samossas dans l'huile chaude et laissez dorer 8 à 10 minutes. Égouttez-les sur du papier absorbant.

En Inde, le lassi se déguste principalement en dehors des repas. Salé ou sucré, c'est un bon moyen de se désaltérer mais il peut aussi vous aider à adoucir votre gorge si vous avez dégusté des plats un peu trop épicés pour vous !

Lassi à la rose

POUR 4 PERSONNES
PRÉPARATION : 5 MINUTES
RÉFRIGÉRATION : 1 HEURE
SANS CUISSON

1 litre de lait fermenté (type lait ribot) ou 4 yaourts liquides nature
25 cl de lait
3 cuillerées à soupe de sirop à la rose (en épiceries indiennes)
Quelques pincées de poudre de colorant alimentaire rose (en épiceries indiennes)
Glace pilée

• Fouettez les laits, le sirop à la rose et le sucre à l'aide du mixeur jusqu'à ce que le mélange mousse. Ajoutez de la glace pilée et entreposez 1 heure au réfrigérateur.

• Répartissez le lassi dans des verres. Avant de servir, ajoutez la poudre de colorant rose et mélangez avec une longue cuillère.

Vous pouvez décorer la surface du lassi avec des amandes effilées grillées ou des pétales de rose alimentaires.

Thaïlande

En Thaïlande, les vendeurs ambulants proposent une multitude de petites préparations, délicieuses à l'apéritif. Fruits de mer, crevettes ou insectes (criquets, cocons de vers à soie), se dégustent souvent très grillés et bien pimentés.

Crevettes sautées au piment

POUR 4 PERSONNES
PRÉPARATION : 10 MINUTES
MARINADE : 30 MINUTES
CUISSON : 5 MINUTES

400 g de crevettes crues
1/2 piment oiseau frais
1 gousse d'ail
Le jus de 2 citrons verts
1 cuillerée à soupe de sucre de palme râpé
1 cuillerée à café de sauce à l'huître (oyster sauce)
1 cuillerée à soupe de nuoc-mâm
Quelques feuilles de coriandre
Quelques cacahuètes torréfiées et hachées
2 cuillerées à soupe d'huile de tournesol

• Épépinez et hachez finement le piment. Pelez et hachez la gousse d'ail.

• Préparez la marinade : dans un bol, mélangez le jus de citron, le sucre, la sauce à l'huître et le nuoc-mâm jusqu'à ce que le sucre soit bien dissous. Ajoutez le piment et l'ail.

• Décortiquez les crevettes en conservant la partie extrême de la queue. Déposez-les dans un plat creux et arrosez-les de marinade. Placez 30 minutes au réfrigérateur en retournant les crevettes de temps en temps.

• Égouttez les crevettes. Dans un wok, faites chauffer l'huile de tournesol puis faites sauter les crevettes à feu vif jusqu'à ce qu'elles soient légèrement dorées.

• Répartissez les crevettes dans 4 assiettes. Saupoudrez de cacahuètes hachées et décorez avec quelques feuilles de coriandre.

CHINE

Le nem – littéralement « pâté frit » – est une recette traditionnelle vietnamienne, qui était très appréciée par l'ancienne cour impériale. C'est ainsi que son nom s'est transformé au fil des années en pâté impérial. Dans le sud du Viêtnam, ces nems sont appelés cha gio*. On les sert d'ordinaire pour de grandes occasions.*

MINI-NEMS AU PORC

POUR 4 PERSONNES (12 MINI-NEMS)
PRÉPARATION : 20 MINUTES
CUISSON : 5 À 8 MINUTES

1 paquet de galettes de riz de 15 cm de diamètre
Quelques feuilles de menthe fraîche et de salade pour servir
Huile de friture

POUR LA FARCE :

300 g de porc haché
20 crevettes crues
1 petit fagot de vermicelles chinois
1 champignon noir séché
2 oignons blancs
1 gousse d'ail
1 œuf battu
2 cuillerées à soupe de nuoc-mâm
1 cuillerée à soupe de sucre semoule
2 cuillerées à soupe d'huile de tournesol
1 pincée de poivre

POUR LA SAUCE :

3 cuillerées à soupe de nuoc-mâm
1 cuillerée à café de sucre semoule
1 cuillerée à café de vinaigre de riz
Quelques lanières de carotte râpée
Quelques copeaux de piment oiseau frais

- Réalisez la farce : réhydratez le champignon et les vermicelles dans 2 bols d'eau tiède pendant 15 minutes.
- Égouttez le champignon et hachez-le. Égouttez les vermicelles et coupez-les en morceaux de 3 cm.
- Pelez et hachez les oignons et l'ail. Dans un bol, diluez le sucre avec le nuoc-mâm.
- Dans un wok ou une poêle, faites chauffer l'huile puis faites revenir le hachis ail-oignon 1 à 2 minutes à feu moyen. Ajoutez le porc haché, le champignon, les crevettes coupées en morceaux et les vermicelles. Mélangez le tout. Baissez le feu puis ajoutez le nuoc-mâm et le poivre. Hors du feu, incorporez l'œuf battu.
- Faites ramollir les galettes de riz trois par trois 2 minutes dans une assiette d'eau tiède. Égouttez-les et pliez-les en deux.
- Sur chaque galette, déposez un peu de farce le long du bord rectiligne. Rabattez les extrémités sur la farce puis roulez les galettes sur elles-mêmes pour bien les fermer.
- Dans un bol, mélangez tous les ingrédients de la sauce.
- Faites chauffer l'huile de friture à 180 °C puis faites frire les nems 5 minutes environ. Égouttez-les sur du papier absorbant.
- Dégustez les nems bien chauds avec la sauce et quelques feuilles de menthe et de salade.

viêtnam

Au Viêtnam comme dans une grande partie de l'Asie, c'est la bière qui est reine pour l'apéritif. Elle est souvent accompagnée de fruits secs (noix de cajou, petits pois séchés, cacahuètes…) mais aussi de brochettes de crevettes, de poulet…

brochettes de crevettes

POUR 4 PERSONNES
PRÉPARATION : 15 MINUTES
MARINADE : 30 MINUTES
CUISSON : 10 MINUTES

600 g de grosses crevettes crues
1 ciboule avec sa tige verte (ou 2 échalotes)
1 cm de gingembre frais
2 gousses d'ail
2 cuillerées à soupe de sauce soja
1 cuillerée à café de sucre semoule
2 cuillerées à soupe d'huile de tournesol
Quelques gouttes d'huile de sésame
Poivre du moulin

- Décortiquez les crevettes.
- Pelez et hachez le gingembre et l'ail. Ciselez finement la ciboule.
- Préparez la marinade : dans un bol, mélangez la sauce soja, la ciboule, l'ail, le gingembre, le sucre et le poivre.
- Déposez les crevettes dans un plat creux et arrosez-les de marinade. Placez 30 minutes au réfrigérateur en retournant les crevettes de temps en temps.
- Égouttez les crevettes (conservez la marinade) et enfilez-les sur des piques à brochettes.
- Dans une poêle, faites chauffer l'huile de tournesol à feu vif puis saisissez les brochettes 2 minutes de chaque côté. Ajoutez la marinade, couvrez et continuez la cuisson à l'étouffée pendant 2 minutes.
- Avant de servir, arrosez les brochettes de quelques gouttes d'huile de sésame.

JAPON

Au Japon, c'est dans les izakaya *que se déroulent la plupart des apéros. Ils sont l'équivalent de nos bistrots français ou des bars à tapas espagnols. On y boit de la bière ou du saké en dégustant de petites préparations du jour, dans une ambiance festive entre amis ou collègues. Il est très rare d'accueillir les gens chez soi pour l'apéritif, la tradition étant plutôt de les inviter dans les* izakaya*.*

TEMPURA DE CHAMPIGNONS

POUR 4 PERSONNES
PRÉPARATION : 10 MINUTES
CUISSON : 5 MINUTES

300 g de champignons japonais : shiitaké, enoki...
Huile de friture

POUR LA PÂTE À TEMPURA :
80 g de farine de blé
30 g de fécule de riz
1 œuf battu
1 cuillerée à soupe de saké
20 cl d'eau froide
2 ou 3 glaçons

POUR LA SAUCE :
1 cm de gingembre frais râpé
10 cl de dashi
2 cuillerées à soupe de mirin
2 cuillerées à soupe de sauce soja

- Nettoyez les champignons.
- Faites chauffer l'huile de friture à 160 °C.
- Réalisez la pâte à tempura (elle doit se faire rapidement et rester très froide) : dans un saladier, mélangez l'œuf avec l'eau froide. Ajoutez la farine et la fécule en mélangeant à la fourchette, sans battre. Ajoutez le saké et les glaçons.
- Plongez les champignons rapidement dans la pâte à tempura puis aussitôt dans l'huile de friture. Laissez cuire 5 minutes environ jusqu'à ce qu'ils soient bien dorés (procédez en plusieurs fois).
- Pendant ce temps, mélangez tous les ingrédients de la sauce dans un bol.
- Dégustez les champignons bien chauds avec la sauce.

Le panko est une chapelure très fréquemment utilisée au Japon. Elle est composée de farine de blé mélangée à de la farine de soja. Moins dorée et plus épaisse, elle est donc plus croustillante à la cuisson.

CREVETTES AU PANKO

POUR 4 PERSONNES
PRÉPARATION : 10 MINUTES
CUISSON : 10 MINUTES

24 crevettes crues
2 œufs
100 g de panko
1 cuillerée à soupe de farine
Sel, poivre du moulin
Huile de friture

POUR LA SAUCE :
2 cuillerées à soupe de sauce teriyaki
1 cuillerée à soupe de sauce soja salée

• Décortiquez les crevettes en conservant la queue.

• Versez la farine dans une assiette creuse. Battez les œufs dans une autre assiette, salez et poivrez. Versez la chapelure panko dans une troisième assiette.

• Faites chauffer l'huile de friture à 180 °C.

• Roulez les crevettes dans la farine, dans l'œuf battu puis dans la chapelure.

• Plongez les crevettes dans l'huile de friture et laissez cuire 3 à 5 minutes. Égouttez-les sur du papier absorbant.

• Dans un bol, mélangez les sauces teriyaki et soja.

• Dégustez les crevettes en les trempant dans la sauce.

生

Adana
Alep
EL DJEZIREH
Antioche
Kachan
Jafa Tor
Zitadelle
Jakobus
Zacharias
Breifaches Tor

AFRIQUE & MOYEN-ORIENT

→ Maroc - Égypte - Israël - Liban
Côte d'Ivoire - Congo

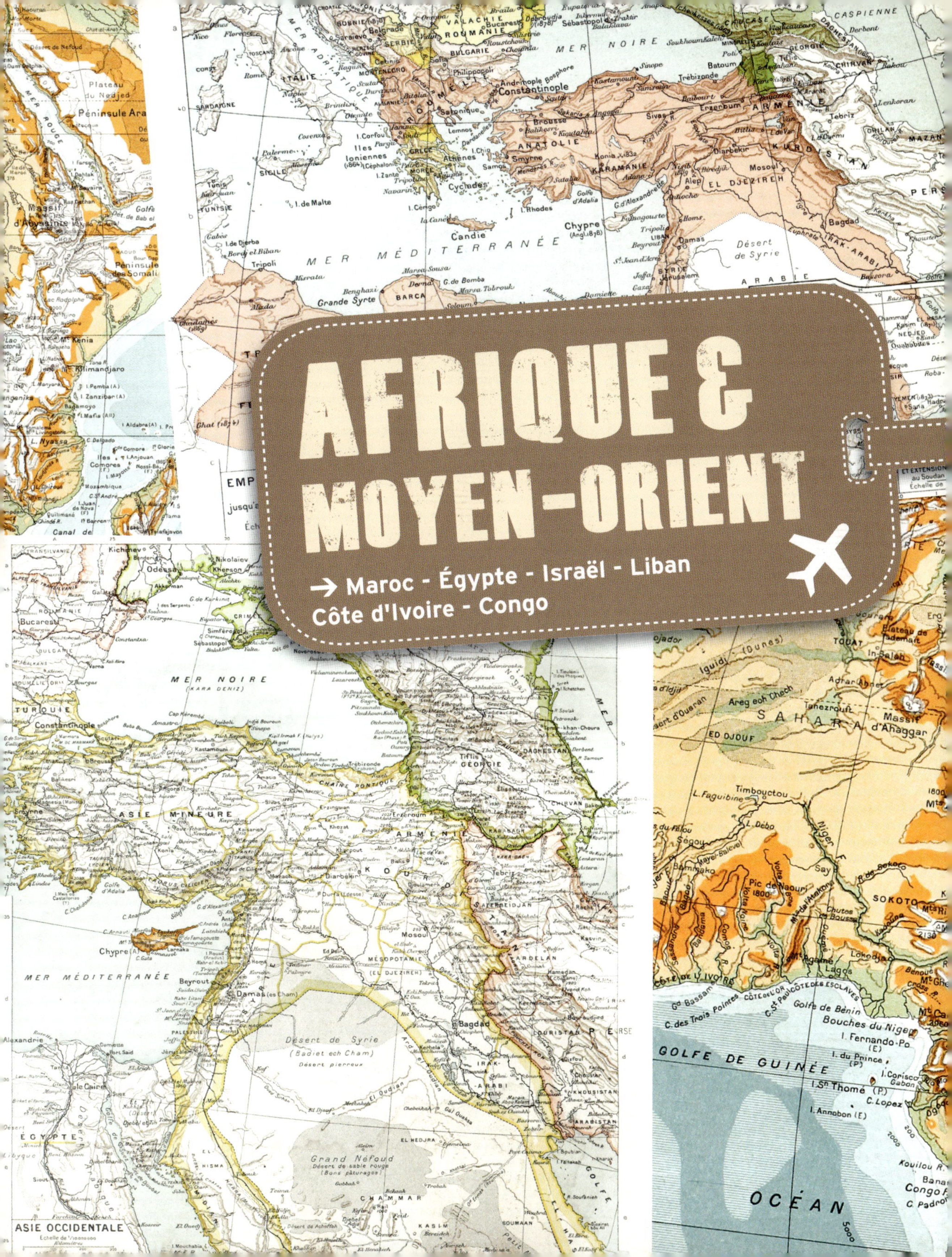

Maroc

Les briouats sont des feuilletés salés ou sucrés originaires du Maroc. Réalisés avec de la feuille de brick ou de la pâte filo, ils renferment une farce qui varie selon les régions, les recettes familiales et les tours de main. On les déguste à tout moment de la journée, aussi bien dans la rue qu'au restaurant ou à la maison.

Briouats agneau-menthe

POUR 4 PERSONNES (8 BRIOUATS)
PRÉPARATION : 30 MINUTES
CUISSON : 20 MINUTES

4 feuilles de brick
200 g d'agneau désossé
5 brins de menthe
5 brins de coriandre
1 cuillerée à soupe de raisins secs
1 cuillerée à soupe d'amandes mondées
1 cuillerée à soupe de miel liquide
50 g de beurre fondu
1 pincée de cumin
Sel, poivre du moulin

- Coupez l'agneau en tout petits dés. Hachez grossièrement les amandes et les raisins secs.
- Rincez la menthe et la coriandre puis hachez-les grossièrement.
- Dans un saladier, mélangez l'agneau, les amandes, les raisins, les herbes, le cumin et le miel. Salez et poivrez.
- Préchauffez le four à 180 °C (th. 6).
- Coupez les feuilles de brick en deux. À l'aide d'un pinceau, badigeonnez chaque demi-feuille de beurre fondu. Pliez-la en trois dans la longueur pour former une bande rectangulaire. Garnissez une extrémité avec 1 cuillerée à soupe de farce. Rabattez le coin pour former un triangle de façon à bien enfermer la farce. Pliez ensuite en triangles successifs jusqu'à l'autre extrémité de la bande de pâte.
- Placez les briouats sur une plaque de cuisson. Enfournez 20 minutes en les retournant à mi-cuisson.

EGYPTE

Le baba ganoush *est une recette que l'on déguste dans tout le Moyen-Orient : en Syrie, Jordanie, Palestine, Égypte... Servi comme un mezze ou avec une viande grillée, on l'accompagne volontiers de pain pita ou de galettes de pain lavash.*
La légende veut que ce soit une femme du harem qui inventa cette recette pour obtenir les faveurs de son maître...

BABA GANOUSH
(caviar d'aubergine)

POUR 4 PERSONNES
PRÉPARATION : 15 MINUTES
RÉFRIGÉRATION : 1 HEURE
CUISSON : 30 MINUTES

4 aubergines
2 gousses d'ail
3 cuillerées à soupe de tahina
1 pincée de paprika
Quelques feuilles de coriandre
Le jus de 2 citrons
1 filet d'huile d'olive
1 pincée de sel

• Préchauffez le four à 150 °C (th. 5).

• Avec un petit couteau d'office, faites une dizaine d'incisions sur la peau des aubergines. Placez-les sur la lèchefrite et faites cuire 30 minutes au four en les retournant régulièrement.

• Retirez les aubergines du four et coupez-les en deux. Prélevez la chair avec une cuillère.

• Pelez les gousses d'ail et hachez-les grossièrement.

• Mixez la chair d'aubergine avec le tahina, l'ail, le jus de citron, le paprika et le sel.

• Déposez la préparation dans un petit plat et réservez 1 heure au réfrigérateur.

• Juste avant de servir, arrosez d'un filet d'huile d'olive et décorez de quelques feuilles de coriandre.

DURALEX
FRANCE

ISRAËL

L'origine du falafel est controversée et prête parfois à des débats houleux, voire diplomatiques. En effet, entre Égypte, Palestine et Israël, nul ne sait vraiment dans quel pays le falafel a vu le jour, mais chaque État aimerait bien pouvoir se l'approprier. Il est toutefois consommé aujourd'hui en très grande quantité dans ces trois pays, qui en ont fait chacun leur snack national !

FALAFELS

POUR 4 PERSONNES (UNE DIZAINE DE FALAFELS)
PRÉPARATION : 30 MINUTES
TREMPAGE : 12 HEURES
CUISSON : 10 MINUTES

200 g de pois chiches secs
100 g de fèves sèches
1 oignon
1 gousse d'ail
2 cuillerées à soupe de coriandre fraîche ciselée
2 cuillerées à soupe de persil frais ciselé
2 cuillerées à café de cumin en poudre
1 cuillerée à café de piment doux
1/2 cuillerée à café de levure chimique
Sel, poivre du moulin
Huile de friture

- La veille, faites tremper les pois chiches et les fèves dans un saladier d'eau froide. Laissez-les gonfler 12 heures minimum.
- Le jour même, rincez les légumes secs et égouttez-les. Pelez et hachez l'oignon et l'ail.
- Mixez les légumes secs avec l'ail, l'oignon, les herbes, le piment, le cumin et la levure jusqu'à l'obtention d'une pâte consistante (si elle est trop sèche, ajoutez un peu d'eau). Salez et poivrez.
- Faites chauffer l'huile de friture à 180 °C.
- Avec la préparation façonnez des boulettes de la grosseur d'une noix. Plongez-les par petites quantités dans l'huile de friture jusqu'à ce qu'elles soient bien dorées (8 à 10 minutes).
- Égouttez les falafels et servez aussitôt.

Vous pouvez déguster les falafels avec du pain pita garni d'oignons rouges frais émincés, de rondelles de tomate et de concombre et de pickels au vinaigre. Ils sont également délicieux « dippés » dans du fromage frais battu et salé.

LIBAN

Le Liban est connu pour ses mezze, multitude de petits plats ultra-frais servis pour plaire au plus grand nombre. Les recettes les plus courantes sont le taboulé (salade de persil et de boulgour), le mouttabal *(purée d'aubergine au sésame) et les* fatayers *(feuilletés aux épinards)... Les mezze se dégustent tout au long de la journée, mais c'est le soir qu'on les sert généralement accompagnés d'un petit verre d'arak bien frais (alcool de raisin à l'anis).*

HOUMMOS

POUR 4 PERSONNES
PRÉPARATION : 10 MINUTES
RÉFRIGÉRATION : 2 HEURES
SANS CUISSON

200 g de pois chiches cuits (en boîte)
2 cuillerées à soupe de tahina
3 gousses d'ail
Le jus de 2 citrons
3 cuillerées à soupe d'huile d'olive
Sel, poivre du moulin
1 rondelle de citron et/ou quelques feuilles de coriandre fraîche

• Pelez et hachez grossièrement les gousses d'ail.

• Mixez finement les pois chiches cuits avec le tahina, l'ail et le jus de citron (la consistance doit être celle d'une pâte dentifrice). Si le mélange est trop dur, ajoutez un peu d'eau. Salez et poivrez. Placez la préparation 2 heures au réfrigérateur.

• Avant de servir, arrosez l'hoummos d'huile d'olive et décorez avec 1 rondelle de citron et/ou un peu de coriandre fraîche. Dégustez avec du pain libanais non levé.

Vous pouvez, bien sûr, utiliser des pois chiches secs (trempés la veille dans l'eau froide) cuits 45 minutes environ à l'eau bouillante.

Ce mezze libanais est un classique de la cuisine du bassin méditerranéen. On le retrouve également en Grèce, à Chypre, en Italie, en Espagne… dans tous les pays où les légumes poussent vite sous le soleil.

LÉGUMES GRILLÉS

POUR 4 PERSONNES
PRÉPARATION : 15 MINUTES
CUISSON : 45 MINUTES (LES POIVRONS), 30 MINUTES (LES AUBERGINES)

4 poivrons rouges
2 aubergines
3 gousses d'ail
2 pincées de cumin
10 cl d'huile d'olive
Sel, poivre du moulin

• Préchauffez le four à 180 °C (th. 6).

• Dans un plat allant au four, déposez les poivrons et les gousses d'ail en chemise. Enfournez 40 à 45 minutes, en retournant les poivrons de temps en temps, jusqu'à ce que la peau noircisse et boursoufle.

• Rincez les aubergines et enlevez le pédoncule. Coupez-les en tranches de 0,5 cm d'épaisseur. Badigeonnez-les d'huile et déposez-les dans un second plat, sans les superposer. Salez et poivrez. Enfournez 30 minutes, en les retournant à mi-cuisson.

• Placez les poivrons dans un saladier, filmez et laissez tiédir.

• Coupez les gousses d'ail en deux, retirez la pulpe et écrasez-la grossièrement.

• Pelez et épépinez les poivrons puis coupez-les en lanières. Déposez-les sur un plat. Salez, poivrez et ajoutez 1 pincée de cumin ainsi que la moitié de l'ail confit. Mélangez puis arrosez d'un filet d'huile d'olive.

• Coupez les aubergines en lanières et déposez-les dans un plat. Ajoutez le reste d'ail confit et de cumin. Mélangez et arrosez d'un filet d'huile d'olive.

• Placez les deux préparations au frais jusqu'au moment de servir. Dégustez avec du pain libanais.

CÔTE D'IVOIRE

Ces boulettes de manioc se dégustent dans de nombreux pays d'Afrique noire. La base de manioc reste identique, ce sont les légumes et les épices qui diffèrent. Il existe des variations sucrées où l'on remplace les légumes par des fruits secs écrasés ou hachés. En revanche, le piment est incontournable !

BOULETTES DE MANIOC

POUR 4 PERSONNES (UNE VINGTAINE DE BOULETTES)
PRÉPARATION : 30 MINUTES
CUISSON : 20 MINUTES

300 g de racine de manioc
1 banane mûre
1 tomate mûre
1/2 oignon violet
1 gousse d'ail
1/2 petit piment vert
1 œuf battu
1 cuillerée à soupe rase de thym frais
1 cuillerée à soupe de farine de manioc (facultatif)
Sel, poivre du moulin
Huile de friture

• Pelez la racine de manioc et coupez-la en cubes. Plongez-les dans une grande casserole d'eau bouillante salée et faites cuire 10 minutes. Égouttez-les.

• Lavez la tomate et coupez-la en petits dés (retirez un maximum de graines).

• Pelez et hachez l'oignon et l'ail. Épépinez et hachez le piment.

• Dans un saladier, écrasez le manioc à la fourchette. Écrasez également la banane. Mélangez-les puis ajoutez la tomate, l'oignon, l'ail, le piment, le thym et l'œuf. Salez et poivrez.

• Faites chauffer l'huile de friture à 160 °C.

• Avec la préparation façonnez des boulettes de la taille d'une noix en les roulant entre la paume de vos mains (si elles sont trop collantes, roulez-les légèrement dans la farine).

• Plongez les boulettes dans le bain de friture chaud et laissez-les dorer 6 à 8 minutes. Égouttez-les sur un papier absorbant.

• Dégustez les boulettes nature ou accompagnées d'une sauce pimentée.

CONGO

Les okras, ou gombos, sont des légumes très fréquemment cuisinés en Afrique et au Moyen-Orient. Ils deviennent légèrement gélatineux à la cuisson. Les gombos à la tomate, appelés bamia *au Liban, font partie des mezze classiques. En Afrique, on les cuit volontiers dans les soupes ou les tajines, mais on les trouve aussi en snacks frits.*

Beignets d'okra

POUR 4 PERSONNES
PRÉPARATION : 15 MINUTES
CUISSON : 10 MINUTES

400 g d'okras
2 œufs
200 g de farine de manioc
2 pincées de piment de Cayenne
1 cuillerée à soupe d'huile de palme ou de tournesol
1 pincée de sel fin
Huile de friture

• Rincez les okras et coupez-les en deux dans la longueur.

• Faites chauffer l'huile de friture à 160 °C.

• Préparez la pâte à beignets : battez les œufs dans un saladier. Ajoutez le sel et l'huile puis incorporez petit à petit la farine de manioc.

• Enrobez rapidement les okras de pâte à beignets puis plongez-les aussitôt dans le bain de friture. Laissez cuire jusqu'à ce qu'ils soient bien dorés (8 à 10 minutes). Égouttez-les sur un papier absorbant.

• Saupoudrez les beignets de piment de Cayenne et dégustez aussitôt (avec de la sauce au piment si vous aimez les beignets très relevés).

INDEX DES RECETTES

INDEX PAR INGRÉDIENTS

8
Stück
Meica
Frankfurter
Art
Rinds-
würstchen
Meica
Deutschländer
Hela
Burger
Sauce
Hela
Curry
Wurst
Sauce
POTT
Soße
GUYANE
Contesté Franco-Brésilien
(1er Déc. 1900)
Bouches de l'Amazone
AMÉRIQUE DU SUD
Échelle de 1/40.000.000
Golfe de St Georges

LES BONNES ADRESSES

DÉCO

Ex & Terra 83, rue de Dunkerque, 75009 Paris.
Tél. : 09 50 57 18 40. www.ex-et-terra.com
Du lundi au dimanche, de 12 h à 20 h. Pour les arrivages incessants de déco venue du monde entier : Mexique, Chine, Inde, Liban…

Le Fiacre Anglais 24, boulevard des Filles-du-Calvaire, 75011 Paris.
Tél. : 01 43 57 15 50. www.lefiacreanglais.com
Pour son choix de vaisselle anglaise, ses mugs, théières et accessoires complètement brit.

La Cabane de l'Ours 23, rue Saint-Paul, village Saint-Paul, 75004 Paris.
Tél. : 01 42 71 01 49. www.lacabanedelours.com
Pour ses meubles et tapis navajos, sa vaisselle Pendleton, ses crânes et ex-voto mexicains. Et surtout, pour la passion des peuples d'Amérique que parvient à transmettre la propriétaire des lieux.

Pankaj Sharma www.pankaj-boutique.com
Déco, vêtements, ustensiles de cuisine : tout est importé directement d'Inde, authentique ! À découvrir aussi, le blog où sont proposés des recettes et des pas-à-pas de cuisine.

Souk Oriental www.souk-oriental.com
Une boutique en ligne d'artisanat maghrébin. La plupart des produits d'artisanat de Tunisie, Maroc, Algérie sont disponibles sur site : draps de hammam, ustensiles de cuisine en olivier…

La Swedish Shop www.swedishop.eu
Une boutique en ligne proposant déco, vêtements pour enfants, linge de maison et œuvres de créateurs scandinaves.

Merveilles de la Russie www.merveilles-russie.com
Une boutique online pour trouver les objets les plus typiques de l'artisanat russe : chapkas, châles, matriochkas, assiettes en bois peintes. Un très large choix directement importé de Russie.

ÉPICERIES

Épicerie américaine
Thanksgiving 20, rue Saint-Paul, 75004 Paris.
Tél. : 01 42 77 68 29. www.thanksgivingparis.com
La plus vieille épicerie américaine de Paris. Vous y trouverez tous les produits américains de tous les jours, quelques surgelés incontournables comme les bagels mais aussi des produits à commander pour Thanksgiving ou Noël.

Épicerie sud-américaine
Mercatienda Latina 78, rue de Dunkerque, 75009 Paris.
Tél. : 01 45 26 11 80. www.mercatiendalatinafrance.com
Une épicerie colombienne fantastique où trouver la plupart des produits des pays sud-américains. L'accueil y est très chaleureux et les conseils sont parfaits pour réaliser vos recettes.

Épicerie alémanique
Der Tante-Emma Laden marché de la porte Saint-Martin, 33, rue du Château-d'Eau, 75010 Paris. www.tante-emma-laden.fr
Pour découvrir les cuisines allemande, autrichienne et suisse. De merveilleuses charcuteries et de délicieux fromages en plus de toutes les conserves incontournables. Quelques ustensiles et décorations typiques pour vous transporter en Bavière, dans le Tyrol ou dans le Valais en un instant. Le tout envoyé par La Poste sur commande.

Épicerie italienne
www. produits-italiens.fr
En plus des nombreux traiteurs italiens que l'on trouve partout en France, un site vous permet d'être livré chez vous de l'essentiel des produits phares d'Italie : panettone, Aperol, prosecco, biscuits Pavesini…

Épicerie anglaise
L'Épicerie Anglaise 5, cité du Wauxhall, 75010 Paris.
www.epicerie-anglaise.com
Cette épicerie propose la plupart des produits typiques anglo-saxons. Une grande variété de marmelades, cakes, mais aussi des bières dont certaines bio, et des produits surgelés de grande qualité : saucisses irlandaises, boudins noirs et le fameux haggis écossais.

Épicerie polonaise
La Petite Pologne 20, rue Jacques-Louvel-Tessier, 75010 Paris.
Tél. : 01 76 53 81 37. www.lapetite-pologne.com
Toute l'épicerie polonaise à retrouver et à acheter en ligne.

Épicerie suédoise
www.swedishop.eu
L'essentiel de l'épicerie suédoise livré à la maison.

Épicerie libanaise et moyen-orientale
www.libanus.com
L'essentiel des ingrédients d'épicerie pour confectionner de bons petits mezze libanais mais aussi pour agrémenter vos recettes du Moyen-Orient : tahina, zaatar…

Épicerie indienne
Vt Cash and Carry 11-15, rue Cail, 75010 Paris. Tél. : 01 40 05 07 18.
www.vtcashcarry.kalyanibrand.fr/fr/
L'épicerie fétiche des Indiens de Paris : fruits et légumes frais, feuilles de bananier, ustensiles de cuisine, épices, lentilles, affichettes de Shiva… Également parfait pour se faire livrer.

Épicerie asiatique (Chine, Thaïlande, Japon)
Paris-Store La liste des 20 points de vente est à découvrir sur www.paris-store.com
Le plus gros importateur de produits asiatiques de France. Pas de vente par correspondance, mais 20 points de vente répartis dans toute la France vous permettent de trouver les légumes et fruits frais directement en provenance d'Asie et l'essentiel de l'épicerie chinoise, vietnamienne, thaïlandaise…

Épicerie japonaise
Kioko 46, rue des Petits-Champs, 75002 Paris.
Tél. : 01 40 15 62 06. www.kioko.fr
Tous les produits et ingrédients japonais, plus de la vaisselle typique. Quelques recettes des grands classiques japonais sur le site online. Un must pour découvrir le Japon à distance.

ÉQUIVALENCES

Mesures liquides

Système métrique	Système américain	Autre nom
5 ml	1 cuillère à thé (cuillère à café française)	
15 ml	1 cuillère à table (cuillère à soupe française)	
35 ml	1/8 cup (tasse française)	1 oz
65 ml	1/4 cup ou 1/4 grand verre	2 oz
125 ml	1/2 cup ou 1/2 grand verre	4 oz
250 ml	1 cup ou 1 grand verre	8 oz
500 ml	2 cups ou 1 pinte	
1 litre	4 cups ou 2 pintes	

Mesures solides

Système métrique	Système américain	Autre nom
30 g	1 oz	
55 g	1/8 lbs	2 oz
115 g	1/4 lbs	4 oz
170 g	3/8 lbs	6 oz
225 g	1/2 lbs	8 oz
454 g	1 livre	16 oz

Chaleur du four

Chaleur	°C	Thermostat	°F
Très doux	70 °C	Th. 2-3	150 °F
Doux	100 °C	Th. 3-4	200 °F
	120 °C	Th. 4	250 °F
Moyen	150 °C	Th. 5	300 °F
	180 °C	Th. 6	350 °F
Chaud	200 °C	Th. 6-7	400 °F
	230 °C	Th. 7-8	450 °F
Très chaud	260 °C	Th. 8-9	500 °F

MERCI !

Un grand merci à Barbara et Adèle pour avoir cru en cette nouvelle collection.

Merci à mes amis et à ma famille pour leurs meilleures recettes d'apéros.

Merci à mes amis mannequins qui n'ont pas hésité à trinquer à la bonne réalisation de ce livre : Sidonie et Hervé, Elsa, Florence, Sophie, Hassiba, Mess, Loïc, Mr Tran et sa famille, Airi, Stéphanie, "Sophie do Brasil", Sidney et les antillais réunis, Benoît et Isabelle, Stéphanie, Gaël, Philippe de Tante-Emma et Hamad.

Merci, bien sûr, à Guillaume Czerw pour ses photos de week-end entre amis !

Mango une marque de Fleurus Éditions
www.fleuruseditions.com

Édition : Barbara Sabatier et Adèle Vay
Direction artistique : Laurent Quellet
Fabrication : Thierry Dubus et Florence Bellot
Relecture : Armelle et Bernard Heron

N° d'édition : M13022
ISBN : 9782317006937
Code MDS : 73381
Photogravure : Amalthéa
Achevé d'imprimer en janvier 2013
par Graficas Estella - Espagne
Dépôt légal : février 2013
Édition N°1

DANS LA MÊME COLLECTION :